내가 얼마나 당신을
사랑하는지
당신은 알지 못합니다

2

내가 얼마나 당신을
사랑하는지
당신은 알지 못합니다

수잔 폴리스 슈츠 외 지음 · 박종석 옮김

2

오늘의책

책머리에

당신과 멀리 헤어져 있는 동안
나에게는 함께 이야기를 나눌 사람이 없었어요.
풀잎에 맺힌 이슬과 같이
하잘것없이 아주 작게 생각되는 것이나,
세상에서 일어나고 있는 커다란 일들에 대해서 이야기를 나눌 사람이.
나는 지금까지 혼자 말하고 홀로 생각하며 외롭게 지냈어요.
그러나 이제 나는 함께 이야기를 나눌 사람이
곁에 있다는 것이 얼마나 중요한 일인지 알게 되었어요.

사랑은 우리에게
우리의 아주 작은 슬픔이나 하찮은 즐거움까지도
서로 이야기하게 해주지요.
그렇게 서로 마음속을 터놓을 때
더할 나위 없이 절묘한 친밀감이 생기지요.
그것은 사랑의 권리이기도 하고 의무이기도 해요.

내 인생의 일부가 된 그대로 인해

나는 내 삶을 즐기고 또한 사랑해야 할 기회가

또 한 번 주어진 것 같아요.

평화와 만족을 경험하고, 자신감과 긍지,

그리고 행복이 가득한 세계까지.

사랑이 영원히 계속되는 그곳에서

내게 새로운 세계를 열어준 그대에게 감사드려요.

사랑하는 사람과 서로 헤어져 있는 시간 속에서

또다시 하나가 될 때를 기다리며,

더 깊은 믿음으로 인내하며

사랑하는 이를 생각하는 애틋한 그리움입니다.

사랑을 통해 서로를 찾아내고, 서로를 이해하며

서로의 마음과 마음이 얼마나 깊이 연결되어 있는지,

사랑에 대한 그리움과 사랑에 대한 약속,

그 사랑에 대해 감사하는 마음들이 아름답게 보입니다.

가슴속에 간직하고 있는 사랑,

마음은 있지만 말로는 표현할 수 없는

사랑의 감정들이 편안한 느낌으로 다가옵니다.

낙엽진 오솔길에서, 어느 나무 아래서, 조용한 카페에서,
사랑하는 이에게 가만가만 읽어주어도 좋은 글,
사랑하는 이와 멀리 헤어져 있을 때
그리운 그대에게 띄우는 엽서 한 장에
곱게 적어 보내고픈 글들입니다.
사랑받는 사람이 사랑을 받아들인 것만으로는
아직 사랑하는 사람이 되지는 못하는 것처럼
사랑을 받을 줄만 아는 연인들이
자기 자신을 이겨내어 다른 사람을 사랑할 수 있는
더 크고 따뜻한 사람이 되기를 바라며
이 책을 드립니다.

사랑하는 사람과 함께 있어 너무 행복할 때
사랑하는 사람이 너무 그리워질 때
꽃을 다듬듯 정성스레 마음을 가다듬어
이 책을 드립니다.

차례

책머리에 · 5
옮긴이의 말 · 124

첫번째 이야기 **나의 사랑을 약속해요**
사랑은 나의 새로운 세계 레리 마라스 · 15
나의 사랑을 약속해요 도나 J. 폴락 · 16
그대와 함께 있을 때 세리 카스텔로 · 17
우리는 서로의 그림자예요 캔 루이스 · 18
언제나 당신과 함께이고 싶어요 달리 파톤 · 19
사랑이란 제이미 딜러레 · 20
내가 그대를 필요로 할 때 앤드루 하딩 앨런 · 22
내가 그대에게 돌려줄 수 있는 것은 앨런 랜돌프 쿨리지 · 23
당신은 알고 있나요 프랭클린 루즈벨트 · 24
내 마음을 표현할 수는 없지만 수잔 폴리스 슈츠 · 25
그대 어깨에 내 머리를 기대고 제니퍼 수오티 · 26
당신과 멀리 헤어져 있는 동안 수잔 폴리스 슈츠 · 28
언제나 기억하세요 레인 파슨즈 · 29
사랑을 만나는 일은 쉽지 않아요 제임스 부루스 조셉 시버즈 · 30
당신은 나의 것 수잔 폴리스 슈츠 · 31

창 앞의 나팔꽃 넝쿨이 베케르 · 32
사랑에 빠진 나 아나크레온 · 33
그대 마음은 나의 마음 수잔 폴리스 슈츠 · 34
그대를 위한 기도 매튜즈 · 35
그대 나를 사랑한다면 엘리자베스 브라우닝 · 36
시간이 흐를수록 제임스 헤크먼 · 37
당신의 눈 속에 M. 다우텐다이 · 38
나의 정원 클라우디아 애드리에나 그랜디 · 39

두번째 이야기 그대의 마음은 내 마음
내 마음속의 그대 다나 M. 블리스톤 · 43
내 사랑은 도를레앙 · 44
나 혼자 만나러 가는 밤 타고르 · 46
사랑의 한숨 그라이프 · 48
지금 당신 가까이에 있다면 조지 엘리어트 · 49
그대와 나는 헨리 알포드 · 50
그대의 마음은 내 마음이에요 커밍스 · 52
그대를 생각하면 레인 파슨즈 · 54
내 인생에서 그대는 나폴레옹 · 55
내 곁에 있어요 줄리에트 드라우트 · 56
그대는 특별한 사람 루이즈 브렛포드 로웰 · 57
오직 당신만을 느끼고 싶어요 우디 거드리 · 58
만약 우리가 원한다면 수우 미첼 · 59
사랑이라는 환상 수잔 폴리스 슈츠 · 60

당신이 내게 주는 사랑의 힘 마담 드 세이반느 · 61
나의 간절한 소망 메리 하스켈 · 62
그대가 남긴 추억 달리 파톤 · 64
우리 멀리 헤어져 있더라도 루이즈 브렛포드 로웰 · 65
당신을 사랑할 수 있다는 것만으로도 캐시 워드 · 66
태양을 닮은 그대 토마스 무어 · 68
우리 사랑은 홀리 소베이 · 69

세번째 이야기 나의 사랑은 단 하나

우리는 하나 도나 웨이런드 · 73
사랑을 위하여 테오필 고티에 · 74
그리운 그대여 데이비드 코리 · 76
내 영혼 속에 당신이 있어요 앨런 윌슨 · 78
그대가 없다면 호이트 액스턴 · 79
나를 기억해주세요 아비게일 애덤즈 · 80
그대는 내가 사랑하는 단 한 사람 레베카 바렛 · 81
당신의 외로움을 알아요 캐롤 킹 · 82
언제나 당신이 나만을 생각한다면 빅토르 위고 · 83
그대 안에서 제이미 딜러레 · 84
그대에게 띄우는 편지 루퍼트 부룩 · 85
슬퍼하지 않아요 우드로우 윌슨 · 86
당신이 누군가를 필요로 할 때 고든 라이트푸트 · 87
서로에게 이야기해요 빅토르 위고 · 88
사랑은 가장 큰 행복이에요 러셀 모리슨 · 89
우리는 함께 생각하고 느껴요 괴테 · 90

나는 사랑에 빠졌어요 데일 미드 · 91
당신의 사랑으로 인하여 제니 디터 · 92
나의 사랑을 허락해준 당신 제니퍼 수오티 · 94
성공적인 사랑을 이루기 위한 공식 수잔 폴리스 슈츠 · 95
스스로에게 물어보았어요 진 테레스 · 96
사랑의 인사 다니엘 호이안 · 97

네번째 이야기 우리가 함께 찾아낸 사랑

내 마음이 당신에게 바라는 것 에드너 세인트 빈센트 밀레이 · 101
당신에게서 위안을 얻어요 제니스 램 · 102
그대에게 줄 수 있는 것은 나 자신뿐 로저 반혼 · 104
우리가 함께 찾아낸 사랑 카렌 메디츠 · 106
그대 미소만큼 소중한 건 없어요 레오나드 니모이 · 107
당신 곁에 타고르 · 108
당신이 준 선물 앤드루 타우니 · 109
그대와 함께 있으면 수잔 폴리스 슈츠 · 110
사랑을 위한 시간이 충분할 때 앤드루 타우니 · 112
밤 하늘 속에서 수잔 폴리스 슈츠 · 114
그대가 있기에 외롭지 않아요 다이안 웨스트레이크 · 115
진실된 사랑 수잔 폴리스 슈츠 · 116
그대의 변명 조녀반 · 117
사랑의 비밀 W. 블레이크 · 118
내 마음은 크리스티나 로제티 · 119
그대가 걷는 모습은 G. 바이런 · 120
선물 아폴리네르 · 122

첫 번째 이야기

나의 *사랑*을 약속해요

오늘도 그리고 내일도

그대에게 나의 사랑을 약속해요.

그대에게 내가 드릴 수 있는 만큼의

많은 행복을 드릴 것을……

사랑은 나의 새로운 세계

내 인생의 일부가 된 그대로 인해
나는 내 삶을 즐기고 또한 사랑해야 할 기회가
또 한 번 주어진 것 같아요.
나는 지금 내면의 세계를 여행하고 있어요.
아주 독특한 세계를…….
평화와 만족을 경험하고
자신감과 긍지,
그리고 행복이 가득한 세계까지.
사랑이 영원히 계속되는 그곳에서
내게 새로운 세계를 열어준 그대에게 감사드려요.

레리 마라스

나의 사랑을 약속해요

오늘도
그리고 내일도
그대에게 나의 사랑을 약속해요.
그대에게 내가 드릴 수 있는 만큼의
많은 행복을 드릴 것을…….
어떠한 일이 생겨도
그대에 대한 의혹을 품거나
불신하지 않을 것을 약속해요.
다만 성장을 위하여
그대의 삶에 만족을 더해드릴 것을,
그대를 변화시키려 하기보다는
다만 그대 모습을 있는 그대로 받아들일 것을 약속해요.
나는 우리의 미래에 대해 불안해하지 않을 것이며
나를 향한 당신의 사랑을 받아들이겠어요.
내일이면 오늘 이상으로 당신을
더 사랑하리라는 것을 알기 때문이지요.

도나 J. 폴락

그대와 함께 있을 때

나는 그대와 함께할 때의
나의 모습이 좋아요.
그것이 나의 진정한 모습이라는 생각이 들어요.
그대 사랑의 햇빛에 싸여서
한층 더 성숙해지고
한층 더 아름다워지는 나의 모습을.
내가 모든 시간을 그대와 함께할 수는 없지만
그대와 함께 있을 때
나는
어느 사람과도 마음을 열고 만날 수 있는
더욱 크고 따뜻한 모습이 되는 걸 느껴요.

세리 카스텔로

우리는 서로의 그림자예요

그대가 나를 행복하게 해주고 싶을 때에는
그대를 행복하게 하는 것이 무엇인지,
그대가 필요로 하는 것이 무엇인지만을 생각하세요.
왜냐하면 그대는 나의 그림자이고
나는 그대의 그림자이기 때문이에요.
우리 두 사람처럼 사랑하고
절대적인 믿음을 함께 나눌 때
그곳엔 오직 끝없는 행복만이 존재할 거예요.

캔 루이스

언제나 당신과 함께이고 싶어요

나는 당신을 사랑하고 있고
언제나 당신과 함께 있고 싶어요.
인생의 모든 즐거움과 마음의 고통을
당신과 함께 나누며…….

어떤 계획도 함께 설계하고
각자의 꿈도 함께 나누어요.
당신을 도우며 위로하고 싶고
사랑하고 싶어요.
나는 언제나 당신과 함께이고 싶어요.

달리 파톤

사랑이란

사랑이란
우리가 가만가만 나누는 이야기 중에서
가장 특별한 이야기
그 속삭임은 사랑이 더욱 깊어질수록
한층 더 상냥하게 이야기되는 것입니다.

사랑이란
틀에 박힌 매일매일의 생활을 함께 나누고
영원한 목표를 향해
끊임없이 모험을 시도하는 것입니다.
삶에서 일어나는 작은 일들까지도 함께하며
하루하루의 대부분을 만들어가는 것입니다.

사랑이란
현실과 상상의 세계 사이의 아름다운 조화.
때로는 어려움에 부딪혀 흔들리더라도
땅 위에 굳건하게 뿌리를 내리고 있음을
발견하게 되는 것입니다.

이러한 사랑이 바로
내가 당신과 함께 나누고 싶은 사랑이에요.

제이미 딜러레

내가 그대를 필요로 할 때

내가 그대를 필요로 할 때
그대는 언제나 나와 함께 있어요.
비록 서로의 생각이 항상 일치하지는 않았지만
우리의 사랑은 언제나 그것을 이겨냈었죠.
그대는 내게 사랑하는 마음과 너그러움을 가르쳐주었고,
세상에서 사랑을 찾아낼 수 있는 놀라운 능력도 주었어요.

앤드루 하딩 앨런

내가 그대에게 돌려줄 수 있는 것은

내가 그대로부터 받아들인 모든 친절에
그대가 나에게 보여준 모든 애정에 감사드립니다.
내가 살아가는 동안 당신에게 돌려줄 수 있는 것은
오직 변함없이 깊이 감사하는 마음과
가장 헌신적인 사랑뿐입니다.
비록 우리 떨어져 있을 때도 있지만
나의 마음은 언제나 그대 곁에 있습니다.

앨런 랜돌프 쿨리지

당신은 알고 있나요

당신은 알고 있나요.
그 어떤 것도
우리가 서로에 대해 지금까지 줄곧 지녀온 마음과
앞으로도 영원히 지닐 마음을 바꿀 만한 것은
아무것도 없다는 것을.

프랭클린 루즈벨트

내 마음을 표현할 수는 없지만

내가 당신에게 느끼는
이 저항할 수 없는 마음속의 기분을 말로 표현하기에
세상의 낱말들은 너무나 불충분해요.
나는 우쭐거리며 흥분되기도 하고
자신만만해져서 마음속 이야기를 털어놓으며
편안하고 따스해지는 것을 느껴요.
비록 내 진실한 마음을
그 어떤 방법으로든 다 표현할 수는 없지만
내 마음속에 행복이 넘치고 있다는 것은 잘 알고 있어요.
내 삶을 온통 기쁨으로 채워준
당신에게 감사드려요.

수잔 폴리스 슈츠

그대 어깨에 내 머리를 기대고

그대와 함께
나는 모닥불 곁에서 지내고 싶어요.
눈에 둘러싸인 오후에.

그대와 함께
나는 거닐고 싶어요.
여름 밤의 호숫가를.

그대와 함께
나는 하늘을 날고 싶어요.
아름다운 풍선을 타고.

그대와 함께
나는 어딘가 아주 고요한 곳을 찾고 싶어요.
오직 오늘 하루의 짧은 순간을 위해.

그대와 함께
나는 편안한 기분을 느끼고 싶어요.
그대 어깨에 내 머리를 기대고.

그대와 함께
나는 언제까지나 머물고 싶어요.

제니퍼 수오티

당신과 멀리 헤어져 있는 동안

당신과 멀리 헤어져 있는 동안
나에게는 함께 이야기를 나눌 사람이 없었어요.
풀잎에 맺힌 이슬처럼
하잘것없이 아주 작게 생각되는 것이나
세상에서 일어나고 있는 일들에 대해서
이야기를 나눌 사람이.

지금까지 나는 혼자 말하고
홀로 생각하며 외롭게 지냈어요.
그러나 나는 이제 함께
이야기를 나눌 사람이 곁에 있다는 것이
얼마나 중요한 것인지 알게 되었어요.

수잔 폴리스 슈츠

언제나 기억하세요

때때로 우리가
"나는 당신을 사랑해요."라고 순수하게 말할 때
우리는 그것이 그렇게 절대적인 것이 아니며,
또한 우리가 그렇게 가볍게 할 수 있는 말이
아니라는 사실을 잊고 있습니다.
우리가 "나는 당신을 사랑해요."라는
말을 하기에 이르기까지
또 그 말을 더 많이 속삭이기까지
우리가 현재에 이르기까지
어떤 과정을 겪었는지를
언제나 기억하기를…….

레인 파슨즈

사랑을 만나는 일은 쉽지 않아요

짧은 삶의 시간 속에서
특별한 누군가를 만나 사랑을 한다는 것은
좀처럼 쉽지 않은 일이에요.
서로의 마음을 열고
서로를 온전히 받아들이는 일은,
좀처럼 쉽지 않은 일이에요.
서로 각기 다른 존재이면서도
영혼이 하나됨을 느끼는 일은,
그러한 사랑을 만나는 일은 쉽지 않아요.

제임스 부루스 조셉 시버즈

당신은 나의 것

사랑 속에서
당신은 나의 것입니다.
사랑 속에서
나는 당신의 것입니다.
생각 속에서
나는 나
당신은 당신입니다.
그러나 우리 사랑으로 함께할 때
당신은 나의 것이며
나는 당신의 것입니다.

수잔 폴리스 슈츠

창 앞의 나팔꽃 넝쿨이

창 앞의 나팔꽃 넝쿨이 흔들림을 보시고
지나가는 바람이 한숨짓는다 의심하실 양이면
그 푸른 잎 뒤에 내가 숨어
한숨짓는 줄 알아주세요.

그대 뒤에서 작은 소리 들려
그대 이름 멀리서 부른다 의심하실 양이면
쫓아오는 그림자 속에 내가 있어
그대를 부른 것으로 생각해주세요.

한밤중에 그대 가슴 이상하게도
산산히 흩어져 설레고
불타는 입김을 입술에 느끼시거든
눈에는 안 보여도 그대 바로 곁에
내 입김이 서린다고 생각해주세요.

베케르

사랑에 빠진 나

나는 사랑에 빠져 있으면서도
사랑이 무엇인지 모르고
망설임으로 머뭇거리면서도
돌아설 줄 모르네.

아나크레온

그대 마음은 나의 마음

그대 마음은 나의 마음
그대의 진실은 나의 진실
그대의 느낌도 나의 느낌

그러나 우리 사랑의 참다운 힘은
우리가 서로의 삶을 변화시키기보다
그저 나누어 갖는 것입니다.

그대 곁에 누우면
나는 현실에서 멀리 떨어져 있는 듯한
신비한 느낌을 갖게 됩니다.
나는 꽃에 둘러싸여 있고
그대는 바로 자연이 되고 맙니다.

수잔 폴리스 슈츠

그대를 위한 기도

신께서
당신을 보호하고 은혜를 베푸시기를,
당신에게 힘과 용기를 주시기를,
그리고 우리가 곧 다시 만나
더 이상 일부분이 아님을 인정할 수 있기를,
미래를 위하여 평화와 안정 속에
서로를 위로하며 영원히 살게 하시기를.

매튜즈

그대 나를 사랑한다면

그대가 진정 날 사랑한다면
다만 사랑을 위해서만 사랑해줘요.
그대 얼굴의 웃음과 보드라운 말씨
나와 같은 생각을 가졌다는 것만으로
지난날의 즐거웠던 추억을 못 잊기 때문에
사랑한다고는 말하지 말아요.
그것은 저절로 변할 수도 있고
당신을 변하게도 할 수 있으니까요.
그런 인연의 사랑은 깨질지도 몰라요.
또한 내 슬픔을 위로할 생각으로 날 사랑하지 말아요.
그대 위로로 슬픔을 잊은 사람은
그대의 사랑마저 없애버릴지 모르니까요.
그러나 영원한 사랑이 끝없이 이어진다면
다만 사랑을 위해서만 사랑해줘요.

엘리자베스 브라우닝

시간이 흐를수록

시간이 흐를수록
나는 더욱더
그대 없는 삶의
황량함을 느끼게 됩니다.

시간이 흐를수록
나는 더욱더
그대 없는 삶이란
불가능함을 깨닫게 됩니다.

제임스 헤크먼

당신의 눈 속에

당신의 고요한 눈 속에 나를 쉬게 하소서.
당신의 눈은 이 세상에서 가장 고요한 장소입니다.

당신의 까만 눈 속에 살고 싶습니다.
당신의 눈매는 아늑한 밤처럼 포근합니다.

이 세상의 어두운 지평선을 떠나서
단 한 걸음이면 하늘에 올라갈 수 있습니다.
당신의 눈 속에서 나의 세계는 종말을 맞이합니다.

M. 다우텐다이

나의 정원

그대를 늘 생각할 수 있는
단 한 송이 꽃만 있으면
나는 영원히
나의 정원을 가꿀 수 있을 것입니다.

클라우디아 애드리에나 그랜디

두 번째 이야기

그대의 **마음**은 내 마음

나는 운명을 두려워하지 않아요.

나의 운명은 바로 그대이기 때문에……

나는 어떤 세계도 필요로 하지 않아요.

나의 세계는 모두 아름다운 당신에게 있으므로……

내 마음속의 그대

나는 매일 그대가 그립습니다.
그대를 사랑하며, 그대를 생각합니다.
날마다
매시간마다,
그리고 매순간마다,
그대는 저 멀리 떨어져 있지만
내 마음속에 아주 가까이 있고
내 기억 속에서는 내 곁에 앉아 있어요.
서로 멀리 떨어져 있어 손을 잡아볼 수도 없지만
그대의 마음은 그 어느 때보다도 더 가까이 있어요.
우리 사이의 거리는 그대를 향한 내 사랑을
더욱더 굳게 할 따름입니다.

다나 M. 블리스톤

내 사랑은

내 사랑은
장미와 은방울꽃이 피어나는
또 접시꽃이 만발한
조그맣고 예쁜 정원 안에 있어요.

내 조그만 정원은 아주 즐겁고
온갖 꽃들이 피어 있어요.
그리고 그것은 밤이나 낮이나
연인인 내가 지키지요.

새벽이면 슬프도록 맑게 노래하는
이 부드러운 나이팅게일만큼
달콤한 것은 없지요.
지치면 그 새는 쉰답니다.

어느 날 그녀가 푸른 목장에서
오랑캐꽃을 꺾는 것을 보았어요.
아주 우연한 찰나의 순간이었지만
더할 나위 없이 아름다웠어요.

나는 그녀의 모습을 바라보았지요.
그녀는 우유처럼 새하얗고
어린 양처럼 부드럽고
장미처럼 붉었어요.

도를레앙

나 혼자 만나러 가는 밤

약속한 곳으로
나 혼자서 만나러 가는 밤
새들은 노래하지 않고
바람은 전혀 불지 않고
거리의 집들도 가만히 서 있을 뿐
내 발걸음만이 소리를 내고 있습니다.

나는 부끄러움으로
발코니에 앉아
그이의 발소리를 기다리고 있습니다.
나무 하나 까딱하지 않고
여울물조차
잠에 빠진 보초의 총처럼 조용합니다.
거칠게 뛰고 있는 것은 내 심장뿐
어떻게 하면 진정될까요.

사랑하는 이 오시어,
내 곁에 앉으면
내 온몸은 마냥 떨리기만 하고
내 눈은 감기고 밤은 어두워집니다.
바람이 촛불을 살포시 꺼버립니다.
구름이 별을 가리며 면사를 살짝 당깁니다.
내 마음속 보석이 반짝반짝 빛납니다.
어떻게 그것을 감출 수 있을까요.

타고르

사랑의 한숨

장미꽃 피어나는 봄날에
혼자서 쓸쓸하게 있기보다는
슬픔 속에 잠김이 나으리라.
장미꽃 피어나는 봄날에
쓸쓸한 내 모습을 보기보다는
슬픔으로 내 몸을 불살라
타버리는 편이 더 나으리라.

그라이프

지금 당신 가까이에 있다면

나는 언제나 상상하고 있어요.
만약 내가 지금 당신 가까이 있다면
당신의 존재라는 선물이
틀림없이 나에게 더 많은 도움이 되리라는 것을.
마치 지나간 태양빛을 모두 한꺼번에 느끼듯이…….

조지 엘리어트

그대와 나는

그대와 나
우리는 함께 있어야만 해요.
우리가 이토록 서로를 필요로 하는 것은
꿈과
희망과
계획된 일이나
보는 것,
꾸며놓은 것을
이해하기 위해서인 것 같아요.

우리는 동반자,
위안자,
안내자,
그리고 친구.
사랑이 사랑을 필요로 하는 만큼,
생각이 생각을 필요로 하는 만큼,
인생은 그만큼 짧고
그만큼 빠르며
쓸쓸한 죽음으로 도망칩니다.

우리는 함께 있어야만 해요
그대와 나는.

헨리 알포드

그대의 마음은 내 마음이에요

나는 그대의 마음을 가지고 있어요
내 마음 아주 깊은 곳에……
내가 어디를 가든, 무엇을 하든
그대는 나와 함께 있어요

나는 운명을 두려워하지 않아요
나의 운명은 바로 그대이기 때문에……
나는 어떤 세계도 필요로 하지 않아요
나의 세계는
모두 아름다운 당신에게 있으므로……

달이 언제나
어떤 중요한 의미를 가지고 있다고 하더라도,
태양이 항상 어떤 노래를 부르더라도
그것은 바로 당신일 거예요

인생이라 부르는 한 그루 나무 뿌리 중의 뿌리
새싹 중의 새싹, 하늘 중의 하늘

그 나무는
영혼이 기대하는 것보다 더 높이 자랄 수 있고,
어쩌면 정신이 숨길 수 있는 깊이보다
더 깊이 뿌리내리고 있으므로……

나는 그대의 마음을 지니고 있어요
내 마음 아주 깊은 곳에……

커밍스

그대를 생각하면

나는 때로 외로움을 느끼지만
그대를 생각하면
마음속 외로움 어느새 사라집니다.
그대는 내게서 멀리 있지만
언제나 영혼은 가까이 있는 듯합니다.

그대의 미소와
그대의 따스한 손길을 생각하는 지금,
내 삶의 전부가 되어버린
그대의 존재를
내가 얼마나 그리워하는지
떠올리는 것조차 아픔으로 다가옵니다.

레인 파슨즈

내 인생에서 그대는

당신과 멀리 떨어져 있을 때
내겐 그 어떤 즐거움도 의미가 없습니다.
당신과 멀리 헤어져 있을 때
이 세상은
마음을 열고 상냥함을 내보일 수도 없이
나 홀로 외롭게 살고 있는 듯합니다.
당신은 나의 영혼 이상의 것을 가져갔습니다.
내 인생에서 그대는 하나의 사상입니다.

나폴레옹

내 곁에 있어요

우리 헤어져 있는 동안에도
내 사랑에 대한 추억이
당신 마음에 위로가 되기를.
만약 당신이
내가 얼마나 당신을 사랑하는지
당신이 내 인생에 얼마나 중요한 사람인지 안다면
당신은 한순간도 나를 떠나지 않을 거예요.
당신은 언제나 내 가까이에 여전히 남아,
당신 마음이 내 마음 가까이로 다가오고
당신 영혼도 내 영혼 가까이로 다가옵니다.

줄리에트 드라우트

그대는 특별한 사람

고향을 생각하고
지나간 일을 떠올리며
내일을 생각할 때면
나는 그대에게 가까이 다가가게 되는 것 같아요.
당신은 내 삶에 영원한 기쁨을 주는
아주 특별한 사람.

루이즈 브렛포드 로웰

오직 당신만을 느끼고 싶어요

나는 우리 사이에 있는 것은
아무것도 느끼고 싶지 않아요.
그 모든 길과 거리, 시련과 숲,
그리고 약병과 망치, 서류철,
내가 있는 여기 이곳에서
지금 당신이 있는 곳 사이에 놓인,
이제 우리 사이에서는 아무 의미도 없는 것들을,
또는 당신이 있는 곳에서 멀리 떨어진
내가 있는 이곳까지
당신으로부터 나에 이르기까지 놓인 것들을.

우디 거드리

만약 우리가 원한다면

우리는 남의 힘을 빌리지 않고도
우리 각자의 힘으로 생존할 수 있고,
또 그것을 알고 있는 만큼
우리의 사랑을 강하게 할 수 있어요.
만약 우리가 원하기만 한다면…….
그러나 우리가 함께 있기로 결정한 이상
그 무엇이든간에 우리는 이해해야 한다는 것을
분명히 알고 있어야 해요.

수우 미첼

사랑이라는 환상

우리가 처음 만났을 때
나는 당신이라는 환상에 압도되었고,
우리가 서로를 알게 되었을 때
나는 당신도
강한 마음과 약한 마음을 지닌
다른 모든 평범한 사람들과 같음을 알게 되었어요.

우리가 서로 가까워졌을 때
나는 사랑이란 환상에 압도되었고,
이제는 지나가버린 세월과 같이
나는 이미 사랑과
당신의 환상에 압도되진 않아요.

그러나 나는
우리가 함께 나누고 있는 사랑과
당신의 힘에 의해서
더욱 압도되고 있어요.

수잔 폴리스 슈츠

당신이 내게 주는 사랑의 힘

당신의 한 마디 말과 한 번의 시선,
한 번의 상냥한 표정과 한 번의 포옹이 지닌 힘을
만약 당신이 알고 있다면,
그리고 어느 정도 먼 곳에 있더라도
이것들 중 하나라도 내게 보내준다면,
당신의 존재 이상 가는 것은
아무것도 없다는 것을 확신해요.

마담 드 세이반느

나의 간절한 소망

나는 당신을 위해
당신이 원하는 사람과 똑같은 사람이 되고 싶고,
당신과 가까이 있고 싶어요.
그러나 본질적으로 가깝다는 것은
서로를 충분히 이해하지 않고는
느낄 수 없는 소중함이에요.

나는 당신을 위해
사랑의 울타리를 가꾸고 싶어요.
지치고 힘든 시간을 잠시 잊을 수 있는
따뜻한 공간을 만들고 싶어요.
그곳에서
나는 당신과 함께 있기를 원해요.

나는 당신을 위해
한 송이 꽃이 되고 싶어요.
당신의 숨결이 아니고서는
꽃잎 하나 피우지 못하고 향기조차 나지 않는
세상에 하나뿐인 꽃이기를 원해요.

당신에게 의지하고 싶은
나의 간절한 소망을 지닌 채 들려주고 싶어요.
당신을 사랑해요.

메리 하스켈

그대가 남긴 추억

우리가 함께 만든 추억을 남기고
그대는 나를 떠나갔어요.
그대와 함께 보낸 즐거웠던 일들은
어제의 추억으로 남았지만
그대 이미 나를 떠나갔지만
나는 종종 평온한 마음으로 그대를 그리워하고 있어요.

달리 파톤

우리 멀리 헤어져 있더라도

우리
멀리 헤어져 있게 될지도 모르지만
우리 사이의 인연은
더욱 가까워질 거예요.
우리가 함께 보낸 즐거웠던 시간의 추억 또한
영원할 거예요.

루이즈 브렛포드 로웰

당신을 사랑할 수 있다는 것만으로도

만약
그 누군가를 넘치도록 사랑하는 것이 가능하다면
나는 당신을 그만큼 사랑합니다.
나는 당신을 사랑한다고 말하지만
그 말은 어느 순간
내 마음을 아프게도 합니다.
왜냐하면 내가 외로움을 느낄 때
당신은 내게 너무 멀리 떨어져 있어
내게로 달려오지 못할 때도 있습니다.
당신이 없는 공간이
내게는 너무 크게 느껴져
내 마음의 전부를 차지하고 있는 그만큼
나를 아프게 합니다.
그러나 다시 한 번 생각해보면
잠시 함께할 수 없다는 것은
그리 중요하지 않음을 느끼게 됩니다.
내가 당신을 충분히 사랑할 수 있다는 것만으로도
그 사실 하나만으로도
만족해야 한다는 것을 나는 이해하게 됩니다.

만약
그 누군가를 영원히 사랑하는 것이 가능하다면
나는 당신을 사랑한다고
감히 말하고 싶습니다.

캐시 워드

태양을 닮은 그대

우리가 어느 곳엔가 함께 있기를
나는 진정으로 바라고 있습니다.
나는 종종 이기적일 만큼 그대를 필요로 하고 있습니다.
내가 받은 편지들을 통하여 얼핏 본 그대는
마치 한여름의 태양과도 같습니다.
눈부시게 빛나지만 아득히 먼 곳에 있는.

토마스 무어

우리 사랑은

우리 사랑은
우리 사이의 거리에도 불구하고 계속될 거예요.
아무리 먼 곳에 있다 하더라도
서로를 향한 우리의 감정은 달라지지 않을 거예요.
우리의 사랑은 진실하므로.

홀리 소베이

세 번째 이야기

나의 **사랑**은 단 하나

그대는 내가 항상 생각했던 그 사람이에요.

그대는 나의 전 세계 안에서 가장 중요한 사람,

그대는 내가 사랑하는 단 한 사람이에요.

우리는 하나

나는 당신이 생긋 웃으며
저쪽에서 나를 향하여 다가오는 당신 모습을 봅니다.
내가 이야기를 나눌 사람을 필요로 할 때
나에게 귀를 기울이는 당신 모습을 보고,
내 기분이 침체되어 있을 때
나에게 특별한 느낌을 갖게 하는 당신 모습을 보며,
나를 행복하게 해주는 당신 모습과
내가 울고 싶은 기분일 때
우리가 서로 헤어져 있을 때
가까이 느껴지는 당신 모습을 봅니다.
나는 이러한 당신의 모습들을 보면서
우리가 결코 헤어져 있지 않음을 알아요.

도나 웨이런드

사랑을 위하여

당신의 개성을 버리기 위하여
다른 사람의 눈을 통해 보고
다른 사람의 귀를 통해 듣는 것.

둘인 동시에
언제인가는 하나가 되기 위하여
용해되어 섞여서
더 이상 자신인지 다른 사람인지
알 수 없게 되는 것.

끊임없이 열중하고
끊임없이 발산하기 위하여
대지와 바다와 하늘,
그리고 그 속에 있는 모든 것을
완전하게 하나의 존재로 하기 위하여
억제하는 것은 아무것도 없는 것.

희생함으로써 당신의 인격을
오히려 두 배로 하는 것.

그것이 바로 사랑입니다.

테오필 고티에

그리운 그대여

너무나 그립고 보고 싶은 그대여,
하나 하나의 모든 일에
그대 목소리와 웃음소리가 울려 퍼지고
어느 곳에나 있는 그대 모습
옛날부터 잘 알고 있는 그 어떤 곳도
어느 것이나 다 방향을 바꾸어
그리운 그대에게 속삭입니다.

너무도 보고 싶고 그리운 그대여,
어디를 가든지
가슴에 사무치는 많은 추억이 어려 있어요.
눈부신 햇살, 반짝이던 강물 바라보며
선한 미소짓던 그대.
상큼하게 불어오는 바람은
그대로 아름다운 노래가 되었습니다.

그립고 보고 싶은 그대여,
낯설고 쓸쓸한 적막 속에서
평범한 것이 마치 올바른 것처럼
빈틈없이 바쁘게 돌아가는 그 한가운데서
일상적인 생활을 하고 있지만
나는 간절히 기다리고 있어요.
당신으로부터의 소식을……。

데이비드 코리

내 영혼 속에 당신이 있어요

나는 아직도 여전히
우리가 헤어진 것이
마치 사실이 아닌 것처럼 느껴져요.
우리는 너무도 가까이 있었기에
영혼 속에서 나는
언제까지나 당신과 함께 있어요.

앨런 윌슨

그대가 없다면

장미꽃들이 달빛과 어우러져
즐겁게 춤추는 아름다운 모습도
그대가 함께 하지 않는다면
아무런 의미가 없어요.

내 곁에서 걷고
내 마음 안에 살고 있는 그대가 없다면······.

호이트 액스턴

나를 기억해주세요

내가 그대를 기억하는 것처럼
그대 나를 기억해주세요.
한 사람이 다른 또 한 사람에게 느낄 수 있는
모든 부드러움과 함께,
어떤 세월의 흔적도 지울 수 없고
멀리 떨어져 있는 사이의 거리도 달라지게 할 수 없어요.
그러나 언제나 변함없는 그런 부드러움과 함께
나를 기억해주세요.

아비게일 애덤즈

그대는 내가 사랑하는 단 한 사람

그대는 내가 항상 생각해왔던
그 사람이에요.
그대는 나의 전 세계 안에서
가장 중요한 사람.
그대는 내가 사랑하는
단 한 사람이에요.

레베카 바렛트

당신의 외로움을 알아요

당신의 외로움이 얼마나 깊은지
나는 알 수 있어요.
함께 있을 때보다 멀리 떨어져 있을 때에는,
많은 의미를 둔 사람들이 헤어져 있다는 것은
너무나 견디기 어려운 일이지요.
그러나 나의 사랑이 언제나 당신과 함께 있다는 것을
당신은 알고 있잖아요.

캐롤 킹

언제나 당신이 나만을 생각한다면

당신이 나에게 말했던 것처럼
당신이 언제나 나만을 생각한다는 것이 진실이라면,
우리 서로가 비록 가까이 있지 않을 때라도
우리의 영혼을 끊임없이 함께 있게 만드는,
이 감미롭고 친밀한 생각의 일치를 신뢰하는 것은
나의 가장 큰 행복 중 하나예요.

빅토르 위고

그대 안에서

나는 그대에게
더 많은 사랑을 느껴요.
내가 일생 가운데에서 느끼리라 상상했던 것보다
더 절실히 느껴지는 사랑을.

나는 그대 안에서
내가 찾으리라 생각했던 것보다
더 많은 행복을 발견하고 있어요.

이 세상 안에서.

제이미 딜러레

그대에게 띄우는 편지

오늘은 줄곧 행복한 날이었소.
하루 종일 그대를 떠올리며
튀어오르는 물방울 속에 춤추는 햇빛으로 웃음을 엮고,
사랑의 조그마한 근심들을 하늘로 흩뿌려 날리고,
바다의 눈부시게 하얀 파도를 그대에게 보냈소.

루퍼트 부룩

슬퍼하지 않아요

나는 당신이 내 곁에 없음을 슬퍼하지 않아요.
오직 나 자신의 반쪽만이
당신으로부터 떨어져 있을 뿐이에요.
그것은 단지 육체의 부재일 뿐이라는 걸 나는 알고 있고,
나의 인생을 이렇게 즐겁고 행복하게 해주는
당신의 마음은
언제나 나와 함께 있기 때문이에요.

우드로우 윌슨

당신이 누군가를 필요로 할 때

당신이 가는 그 먼 곳이
좋은 곳이기를 빌어요.

만약 비가 오거나 눈이 온다 하더라도
안전하고 따뜻하게 지내기를······.
그리고 어느 땐가 당신에게 그 누군가가 필요할 때
당신도 알고 있듯이
나는 언제나 그곳에 있을 거예요.

고든 라이트푸트

서로에게 이야기해요

사랑은 우리에게
우리의 아주 작은 슬픔이나
하찮은 즐거움까지도
서로 이야기하게 하지요.
그렇게 서로 마음속을 터놓을 때
더할 나위 없이 절묘한 친밀감이 생기지요.
그것은 사랑의 권리이기도 하고 의무이기도 해요.

빅토르 위고

사랑은 가장 큰 행복이에요

당신과 함께 나누고 있다는 느낌보다 더 좋은 것이
이 세상에는 아무것도 없어요.
또한 사랑에서 느끼는 따뜻함보다
더 큰 행복도 없어요.

러셀 모리슨

우리는 함께 생각하고 느껴요

산과 강, 도시만을 생각한다면
이 세상은 얼마나 무의미한 것일까요?
그러나 우리가 비록 헤어져 있을지라도
우리는 함께 생각하고 느끼며
영혼이 가까이 있는 그 누군가가 있음을 알고 있다면
이 세상은 사람이 살고 있는 정원이 될 것입니다.

괴테

나는 사랑에 빠졌어요

나는 사랑에 빠졌어요.
당신의 미래의 모습을 기대하며.
그러나 지금 나는
내가 알고 있는 그대로의 당신 존재를
사랑하고 있어요.

데일 미드

당신의 사랑으로 인하여

당신의 사랑으로 인하여
나는 새로운 사람으로 바뀌는 자신을 느꼈고,
새로운 느낌의 경험을 지니게 되었으며,
아낌없이 베풀고 받아들이는 것이
어떤 것인지 배웠어요.

당신의 사랑으로 인하여
나는 온전히 서로를 이해하는
너그러움을 느끼게 되었고,
사소한 즐거움 하나 때문에
하루 내내 미소지을 수 있다는
사실을 알게 되었어요.

당신은 나만의 방법으로
자신에게 알맞게 성장할 수 있도록 이끌어주었고,
나의 존재를 인정해주었어요.
그러면서 나는 당신에게 가까이 다가가
당신과 함께,
그리고 당신을 위하여 성장했어요.

나의 사랑으로 인해
당신도 역시 그러하기를 바랍니다.

제니 디터

나의 사랑을 허락해준 당신

홀로 있는 시간에도 당신에게 고마움을 느껴요.
당신의 부드러운 손길을 생각하며
당신과 함께 있는 시간에 감사해요.
나와 이야기를 나누는 당신은 항상 거짓이 없으므로.
세상을 함께 지켜볼 수 있는 여유 있는 오후와
꿈꿀 필요 없는 평화로운 밤에게도 감사해요.
당신을 향한
나의 사랑을 허락해준 당신에게 감사드려요.

제니퍼 수오티

성공적인 사랑을 이루기 위한 공식

성공적인 관계를 만들기 위해서는
이전의 관계에서 배운 것을 조금이라도
당신 마음 밖으로 몰아내야 할 거예요.
왜냐하면 만일 당신이
민감함과 자유로움과 가까이 할 수 없으면
자신을 진정으로 알리지 못하게 되기 때문이에요.

성공적인 관계를 이루기 위해 필요한 것은
두 사람의 활짝 열린 마음과 솔직함이에요.

수잔 폴리스 슈츠

스스로에게 물어보았어요

나는 나 자신에게 물어보았어요.
이렇게도 이해심이 많고
애정이 깊은 사람을 만나
축복받는 이유가 뭘까…….
그것은 아마도 내가 진심으로 당신에게
감사하기 때문일 거예요.
그것이 아니라면
얼마나 내가 당신을 필요로 했는지를
신이 알고 있었기 때문일 거예요.

진 테레스

사랑의 인사

내가
"당신을 사랑해요."라는 말을 하지 못한 채
하루를 그냥 지나칠지라도
아주 잠깐 동안만이라도
그대가 내 마음을 모른 채 흘러가지 않기를…….

다니엘 호이안

네 번째 이야기

우리가 **함께** 찾아낸 **사랑**

우리는 함께 우리 자신 속에 있는

아름다운 그 무언가를 발견했어요.

우리가 함께 찾아낸 것은

바로 사랑이에요.

내 마음이 당신에게 바라는 것

내 마음이 당신에게 바라는 것이 무엇인지
나는 알고 있어요.
당신 가까이 기대앉아
당신과 함께
수없이 떠오르는 해와 달을 지켜보며
오직 새들만이 들을 수 있는
높은 하늘의 음악을 듣는 거예요.

에드너 세인트 빈센트 밀레이

당신에게서 위안을 얻어요

나는 당신에게서 위안을 얻어요.
마치 어린아이의 눈망울에 반사되는
따뜻한 불빛에서 위안을 느끼듯이.

나는 당신에게서 약속을 읽어요.
마치 고통 후에 떠오른
무지개에서 약속을 읽듯이.

나는 당신에게서 열정을 느껴요.
오직 가슴으로만 느낄 수 있는
날카로운 키스에서 열정을 느끼듯이.

나는 당신에게서 목적지를 보고 있어요.
오직 우리만이 다다를 수 있는 그곳을.
나는 당신에게서 사랑을 느껴요.
그 무엇과도 비교할 수 없는 언제나 새로운 사랑을.

나는 당신을 통해 알게 되었죠.
솟아오르는 태양의 따스함과 평화를.

나는 당신으로 인해
모든 의미심장한 것들을 발견해요.
풀잎에 맺힌 아침 이슬,
나의 어깨 위에 떨어지는 빗방울,
내 마음속에서 영원히 지지 않는 태양을……

제니스 램

그대에게 줄 수 있는 것은 나 자신뿐

내가 그대에게 줄 수 있는 것은
오직 나 자신뿐.

나는 그대에게 웃음을 주고 싶습니다.
행복에서 우러난 웃음은 아름다운 것.

나는 그대에게 정직함을 주고 싶습니다.
진실한 마음을 들여다볼 때
사랑은 그만큼 깊어지는 것.

나는 그대에게 성실함을 주고 싶습니다.
나의 성실을 통하여 나의 내면과 존재를
보여줄 수 있기를 바라면서……

내가 그대에게 원하는 것은
당신의 정직함과 열린 마음뿐.
왜냐하면 그 정직함과 열린 마음을 통해
내가 준 모든 것을 당신으로부터 돌려받을 수 있으므로.

로저 반혼

우리가 함께 찾아낸 사랑

우리는 함께
우리 자신 속에서 평화를 발견했어요.
행복과 즐거움,
흥분과 희망과 신뢰까지도.
우리는 또한
이제까지 말로써 표현할 수 있었던 것보다
더욱 아름다운 그 무엇인가를 발견했어요.
우리가 함께 찾아낸 것은
바로 사랑이에요.

카렌 메디츠

그대 미소만큼 소중한 건 없어요

비 갠 후의 햇살은
기분 좋은 것.

열기 뒤에 불어오는 산들바람은
반가운 것.

눈이 올 때의 모닥불은
따뜻한 것.

그렇지만 우리가 헤어진 후부터
지금까지 줄곧
나를 기쁘게 맞이하는
그대의 미소만큼
소중한 것은 아무것도 없어요.

레오나드 니모이

당신 곁에

하던 일 모두 미루고
잠시 당신 곁에 앉아 있고 싶습니다.

잠시 동안 당신을 못 보아도
마음의 안식은 이미 사라져버리고
고뇌의 바다에서 하는 일
모두 끝없는 번민이 되고 맙니다.

불만스러운 낮 여름이 한숨 쉬며
오늘 창가에 와 머물러 있습니다.
꽃 핀 나뭇가지 사이 사이에서
꿀벌들이 잉잉 노래하고 있습니다.

님이여 어서 당신과 마주 앉아
목숨 바칠 노래를 부르렵니다.
신비스러운 침묵 속에 가득 싸인
이 한가로운 시간 속에서.

타고르

당신이 준 선물

함께 생활했던 우리의 인생 가운데서
당신이 준 선물,
당신이 보여준 사랑,
당신이 내게 해준 모든 것에 대하여
감사드립니다.

앤드루 타우니

그대와 함께 있으면

그대와 함께 있으면
나는 너무나도
행복한 기분에 빠지곤 합니다.
나는 내 마음속의 모든 생각을
그대에게 말하고 싶습니다.
그러나 어느 땐
아무 말 하지 않아도
마치 내 마음을 털어놓은 듯한 느낌을 갖습니다.
항상 나를 이해하는
그대가 있기 때문입니다.

그대와 함께 있으면
나는 너무나도 편안한 기분에 빠지곤 합니다.
나는 사소한 일조차 속일 필요가 없고
잘 보이려고 애쓸 필요도 없습니다.
그대는
있는 그대로의 나를 사랑하기 때문입니다.

그대와 함께 있으면
나는 세상을 두려워하지 않는 자신감을 갖습니다.
나는 사랑으로 그대에게 의지하면서
나 자신의 삶을 살아갑니다.
그대는 내게
특별한 자신감을 심어주기 때문입니다.

수잔 폴리스 슈츠

사랑을 위한 시간이 충분할 때

사랑을 위한 시간이 충분히 있을 때
세상은
환상이 결코 끝나지 않고
화창함이 영원히 계속되는
아주 아름다운 곳입니다.
사랑을 위한 충분한 시간과 함께.

사랑을 위한 시간이 충분히 있을 때
아침은
조금도 문 밖에서 기다리지 않고
방안으로 들어와 애정으로 가득 찬
우리 두 사람을 찾아내며
우리의 낮은 약해짐이 없이
더 현명하게 지나갑니다.
사랑을 위한 충분한 시간과 함께.

사랑을 위한 시간이 충분히 있을 때
열망의 눈빛, 장난스런 눈짓,
고요한 시간, 부드러운 애무와 같은

조그마한 것들이 커다란 의미를 갖고,
의미심장한 문제들은 그들의 중요성을 잃고,
어쩌면 해가 떠 있는 동안에 가져오는
진정한 즐거움을 우리에게 상기시켜줄 것입니다.
사랑을 위한 충분한 시간과 함께.

사랑을 위한 시간이 충분히 있을 때
우리가 약속한 말은
근심스러운 때에 베풀고 용서하며
기쁘고 부드럽게 위로해주고
유일하게 즐거운 시간에 축하를 보냅니다.
또한 아름다운 인생이 우리를
축복하고 있음을 알게 합니다.

사랑을 위한 충분한 시간과 함께
그리고 시간의 끝에서 끝까지 계속되는 사랑도 함께.

앤드루 타우니

밤 하늘 속에서

지금은 밤입니다.
나는 하늘에 떠 있는
수많은 별들 속에서
당신의 얼굴을 봅니다.
산들거리는 나뭇잎 속에서
당신의 부드러움을 느낍니다.

지금은 밤입니다.
비록 춥고 어둡지만
우리 곧 다시 만난다는 생각에
달빛마저 따스하게 느껴집니다.

수잔 폴리스 슈츠

그대가 있기에 외롭지 않아요

낮이나 밤이나
나는 당신의 존재를 느껴요.
당신은 비록 손을 뻗어 닿을 수 있을 만큼 가까이에 없지만,
내 마음속에 있는 사랑스런 그대는
언제나 내가 당신을 필요로 할 때마다
아무 말도 하지 않고 나에게 다가옵니다.
그대가 있기에 나는
외롭지 않아요.

다이안 웨스트레이크

진실된 사랑

바다는 나에게 평화를 주었습니다.

바람은 나에게 힘을 주었습니다.

태양은 나의 영혼을 불사르고

꽃은 내게 인생을 보여주었습니다.

그리고 당신은 나에게 알려주었습니다.

진실된 사랑을······.

수잔 폴리스 슈츠

그대의 변명

나는
머물기 위한 그대의 변명은
원하지 않습니다.
나에게
돌아오기 위한 그대의 변명만을
원할 뿐입니다.

조너반

사랑의 비밀

그대 사랑을 사람들에게 알리지 마세요.
사랑이란 비밀스러워야만 해요.
산들바람이 소리도 없이
은근히 부는 것과 마찬가지입니다.

오랜 시간이 지나 나는 사랑을 고백했습니다.
마음속의 모든 것을 그대에게 말했습니다.
떨리는 마음으로 조심스레 고백했건만
그대는 내게서 떠나가고 말았습니다.

그대가 떠나간 뒤 얼마 안 되어
눈에도 안 띄게 아주 고요히
나그네 한 사람이 다가오더니
한숨 쉬며 그대를 데려갔습니다.

W. 블레이크

내 마음은

내 마음은
파릇한 가지에 둥지 짓고 노래하는 새와 같습니다.
내 마음은
가지가 휠 듯 열매 달린 사과나무와 같습니다.
내 마음은
잔잔한 바다에서 놀고 있는 보랏빛 조개 같습니다.
내 마음이
그보다 더 설레는 것은 그이가 오기 때문입니다.

날 위해 명주와 솜털의 단을 세우고
그 단에 모피와 자주색 옷을 걸쳐주세요.
거기에다 비둘기와 석류,
백 개의 눈을 가진 공작을 조각하고
금빛 은빛 포도송이와
잎과 백합화를 수놓아주세요.
내 생애의 생일날이 왔고
내 사랑하는 이가 내게 왔으매……

크리스티나 로제티

그대가 걷는 모습은

그대가 걷는 모습은
구름 한 점 없고
별 반짝이는 밤처럼 아름답습니다.
가장 캄캄한 것과
가장 빛나는 것이
그대의 얼굴과 두 눈에 엉켜
하늘이 천한 날빛에게는 주지 않는
연한 빛으로 무르익습니다.

그림자가 더했든지
빛이 조금 덜했다면
새카만 머리카락마다 물결치는
아니면 부드러이 얼굴을 빛내주는
더할 나위 없는 우아함이 머무를 것입니다.
그 얼굴에는 맑고 고운 마음씨가
얼마나 티없이 고귀한가를 드러내고 있습니다.

그대의 뺨, 그리고 이마에 어린
상냥하고 침착하며
환히 피어나는 미소는
진실되게 살아온 지난날을
말해주고 있습니다.
그리고 티없는 사랑의 향기가
그대 얼굴에 가득합니다.

G. 바이런

선물

당신이 만약 원하신다면
나는 당신께 드리렵니다.
아침, 나의 그 상쾌한 아침과
당신이 좋아하는 나의 빛나는 머리칼과
푸르고 금빛 나는 내 눈을.

당신이 만약 원하신다면
나는 당신께 드리렵니다.
따사로운 햇살 비치는 곳에서
아침에 눈뜰 때 들려오는 온갖 소리와
그 근처의 분수에서 들리는
흐르는 물줄기의 아름다운 소리를.

마침내 찾아들 석양의 노을과
쓸쓸한 내 마음으로 얼룩진 저녁을.
그리고 조그만 내 손과
당신 가까이에 놓아두고 싶은 내 마음을.

아폴리네르

옮긴이의 말

《내가 얼마나 당신을 사랑하는지 당신은 알지 못합니다 1》을 출간한 데 이어 사랑을 주제로 한 시 모음집을 또 한 권 내놓는다.

이 책에 수록된 시들은 사랑의 안타까움과 그리움, 변치 않는 사랑에 대한 소중함을 일깨워준다. 사랑이라는 한 가지 주제를 가지고 씌어진 시들을 보면 '사랑'만큼 세상을 하나로 만들 수 있는 것이 없음을 다시 한 번 확인하게 된다. 우리와는 전혀 다른 문화와 정서를 가진 외국 사람들이 쓴 시임에도 불구하고 시를 읽을 때 잔잔한 깊이와 공감대가 느껴진다. 또한 여러 사람이 쓴 시라는 느낌이 전혀 들지 않는다.

평소 사랑에 대한 시를 즐겨 읽고 좋은 시가 있으면 주변 사람들에게도 은근히 권한다. 이 책에 수록된 시들은 사랑에 대한 잔잔한 감동과 소중한 의미를 담고 있다. 이 책에 들어 있는 한 편 한 편의 시를 통해 다시 한 번 사랑의 참된 의미를 되새겨보았으면 한다. 나는 그러한 사랑이 아직 남아 있음을 시를 통해 확인한다.

옮긴이 박종석

옮긴이 박종석

1960년 경남 창녕 출생. 동아대학교 영어영문학과를 졸업하고 숙명여자대학교 교육대학원 TESOL(외국인을 위한 영어교습법) 과정을 수료했다.
지은 책에 《우리가 배운 영어 그들이 쓰는 영어》가 있고, 옮긴 책에 《내가 얼마나 당신을 사랑하는지 당신은 알지 못합니다 2》, 《지금 멀리 헤어져 있지만 사랑은 우리를 하나 되게 하네》, 《수중운동으로 부상을 치료한다》 등이 있다.
e-mail : doltae@yahoo.com

내가 얼마나 당신을 사랑하는지 당신은 알지 못합니다 2

1판 1쇄 발행일 | 1999년 7월 7일
2판 1쇄 발행일 | 2003년 10월 20일
2판 2쇄 발행일 | 2004년 3월 20일

지은이 | 수잔 폴리스 슈츠 외
옮긴이 | 박종석
펴낸이 | 최순철
펴낸곳 | 오늘의책

오늘의책 사람들
편집부 | 박선영, 이효선, 이정현
디자인부 | 이현주, 김명진
마케팅사업부 | 이재승, 최만석, 이광택
총무부 | 한상희, 유은주

주소 | 서울시 마포구 서교동 452-10호
전화 | 322-4595~6 팩스 | 322-4597
전자우편 | tobook@unitel.co.kr
홈페이지 | www.todaybook.co.kr
출판등록 | 1996년 5월 25일 (제10-1293호)

ISBN 89-7718-225-5 04840
    89-7718-221-2 (세트)
값 6,000원

잘못된 책은 바꾸어드립니다.